陰謀 The Plot
The Secret Story of The Protocols of the Elders of Zion

史上最悪の偽書『シオンのプロトコル』の謎

Will Eisner
ウィル・アイズナー

門田美鈴 訳　**内田樹** 解説

いそっぷ社

THE PLOT
by Will Eisner

Copyright © 2005 by the Estate of Will Eisner
Introduction copyright © 2005 by Umberto Eco
English translation of the Introduction copyright © 2005 by
W.W. Norton & Company, Inc.
Afterword copyright © 2005 by W.W. Norton & Company, Inc.
All rights reserved
Japanese translation rights arranged with
W.W. Norton & Company, Inc.
through Japan UNI Agency. Inc, Tokyo

序文

ウンベルト・エーコ

『シオン賢者のプロトコル（議定書）』の最も驚くべきところは、どう受け取られたかということより、どう作られたかにある。この偽造が多くの諜報機関と少なくとも3か国の警察によってなされ、さまざまなテキストをつぎはぎしてつくられたということは、今ではよく知られた事実である。ウィル・アイズナーも最近の研究をふまえて、そうはっきり言っている。

私はあるエッセイで書いたことがあるのだが、学者たちが今まで考慮に入れていなかった出典がいくつかある。たとえば、『プロトコル』にある世界征服を狙った「ユダヤ人の陰謀」は、時にはほぼそのまま、ウージェーヌ・シューが最初に『さまよえるユダヤ人』（1844—45年）で、その後『民衆の秘密』（1849—57年）で述べた「イエズス会の陰謀」にならったものである。類似点はきわめて多い。そのため、モーリス・ジョリー（フランスの風刺作家で、1864年刊の著書『マキャベリとモンテスキューの地獄での対話』が『プロトコル』の直接のネタ本であると考えられている。本書の主人公でもある）はシューの小説に着想を得たのでは、とも考えたくなる。

まだほかにも出典はある。『プロトコル』の研究者たちがすでに指摘していることだが、ヘルマン・ゲドシェが1868年にジョン・レットクリフ名義で書いた小説『ビアリッツ』に、イスラエルの12支族の代表がプラハの共同墓地で会合し、世界征服の謀議をおこなったという話が出てくる。5年後、ロシアのパンフレット（ユダヤ人／世界の支配者）では、ゲドシェの架空話が実際に起きたことのように書かれた。1881年、『コンテンポラリー』紙はこの話を掲載し、情報源は信頼できるもので、ほかでもないイギリスの外交官、ジョン・リードクリフ卿からの話であると述べた。その後、1896年、フランソワ・ブルナンは著書『ユダヤ人、われわれの同時代人』の中で、大ラビ（今度はその名前がジョン・リードクリフだとされた）の主張を盛り込んだ。しかし、ゲドシェがフランスの小説家、アレクサンドル・デュマの『ジョセフ・バルサモ』（1849年）

のシーンを模倣しただけだということには誰も気づかなかった。この作品で、デュマはカリオストロと他のフリーメーソンとの謀議のもようを描いているが、彼らは1785年の首飾り事件（訳者注／ラ・モット伯爵夫人がマリー・アントワネットの名を騙って高額の首飾りを王室御用達の宝石商からだましとった詐欺事件）を企み、そのスキャンダルによってまさにフランス革命の風潮をつくり出すのである。

　このようにほぼ架空の作品のつぎはぎ細工であるため、『プロトコル』はそのでっち上げの源が簡単に知れる、支離滅裂な文書になっている。新聞小説かグランドオペラででもなければ、「悪人たち」があれほど公然とあからさまに悪だくみをおこない、シオン賢者たちが「果てしない野望と旺盛な欲望、情け容赦ない報復欲、激しい憎悪」を抱いていると言明することなど、とうてい信じられない。

　初め『プロトコル』が真面目に受け取られたとしたら、それは衝撃的な新事実として、しかもすべて信頼に足る出処からもたらされたからである。しかし、どうにも信じがたいのは、これがまぎれもない捏造だと立証され、「プロトコルの物語」はつくり事だと明確になるたびに、なぜかこの捏造事件が再燃することだ。

　さまざまな信頼すべき情報筋が『プロトコル』の偽りの本質を正式に発表し、1921年には、ロンドンの『タイムズ』紙が『プロトコル』は盗作であることを暴いたにもかかわらず、再び出版し信憑性を主張する者が現れる。そして、今なおインターネット上に登場している。コペルニクス、ガリレオ、ケプラー後も、太陽は地球のまわりを回っていると主張する教科書を出版しつづけるようなものなのだ。

　あらゆる証拠にもかかわらず、話が蒸し返され、この文書は世界に影響を与えつづけていると天の邪鬼が言い張るのをどう説明すればいいのか？　その答えは、反ユダヤ主義作家で、ユダヤ陰謀説の立証に生涯を費やしたネスタ・ウェブスターの作品に見出すことができる。彼女は著書『秘密結社と破壊的運動』からして、広い知識を持ち、アイズナーが本書で描いているような真相をすべて承知しながらも、結論としてこう述べているのだ。

　　私の意見としてこのことだけははっきり言える。本物であろうとなかろうと、『プロトコル』は世界的革命の計画を示しており、その予言的な性質か

ら、そして過去の秘密結社の議定書に酷似していることから、そうした組織が作成したもの、または秘密結社に精通し、その思想や言葉づかいをまねることができた者の手によるものである。

確かに彼女の推論に間違いはない。「『プロトコル』は、私が述べているとおりのことを言っており、裏づけている」、つまり「『プロトコル』は、私がそこから導き出した説を裏づけており、それゆえ本物である」というわけだ。もっと言えば、「『プロトコル』はニセ物かもしれないが、ユダヤ人の考えていることを如実に示しており、そのため本物とみなすべきだ」と。結局のところ、反ユダヤ主義を生み出すのは『プロトコル』ではなく、どこかに「敵」を見つけ出そうとする人間の深い心理的要求であり、そのため『プロトコル』を信じることになるのである。

私は確信している——この勇気ある、ウィル・アイズナーによる「漫画[コミック]」、いや「悲劇を描いた[トラジック]」本をもってしても、でっち上げ話がなくなることは望めないだろう。それでも、これは伝える価値のある話だ。人は、こんな大ウソと、そしてそれが生み出す憎悪と戦わねばならないからである。

2004年12月
イタリア　ミラノにて

まえがき

ウィル・アイズナー

　私にとって本書は、単に漫画を描くということではない。それはこの強力な媒体を用いて、深い個人的興味と取り組むことである。

　私の両親はユダヤ系アメリカ移民である（ちなみに、それだけの理由で私がユダヤ人というわけではない）。父はヴェニスでカトリック教会構内の絵師をしていたが、アメリカに渡ってからは、マンハッタンのイディッシュ・シアターで背景画を描いていた。両親は正統派でも改革派でもなかったが、「ユダヤ教徒」であり、私のイディッシュ魂はそこからきていると思う。

　私は世界大恐慌のころに育ち、偏見にもさらされた――つらい出来事や侮辱的な扱いは当時、アメリカ社会のユダヤ人にしばしば降りかかったものだ。私は両親がかつてユダヤ人村でとっていたような態度が腹立たしかった。「おとなしくして、異教徒を怒らせないように」すべきだというのだ。両親にとっては、「ホロコースト」はもう一つの、より大規模なポグロム（ユダヤ人への迫害行為）にすぎなかった。1930年代後半、どちらかというと急進的な学生だった私は、反ユダヤ主義者が主張を広めるために用いた手段に興味を持つようになった。古代キリスト教によるユダヤ人糾弾以外の武器があったに違いないと思った。繰り返し現れ、吸血鬼のように蘇って、反ユダヤ主義に拍車をかけたものが。

　私は20年ちかく調べつづけたが、つい先ごろ、何かイカサマはないか、私が思っているような話はないかとインターネットに挑発的な投稿をしていたとき、英語に翻訳された『シオン賢者のプロトコル』に出会った。ユダヤ人指導者による世界征服の企みが詳細に書かれたとされる文書で、ラジオ・イスラームで流され、フランス語、ドイツ語、スウェーデン語、ポルトガル語、ロシア語、スペイン語、イタリア語にも翻訳されていた。この本のことは私も知っていたし、以前から『わが闘争』とともに邪悪な作品だと思っていた。だから実際に読んで、その成り立ちを詳しく調べることにした。

1999年11月、『ワシントン・タイムズ』とフランスの週刊誌『レクスプレス』が、ロシアの指導的な歴史学者、ミハイル・レペハインの研究で、『プロトコル』はフランスに亡命したロシア人、マシュー・ゴロヴィンスキーによって1898年に書かれたという証拠が発見されたと報じた。以前は閲覧できなかったロシアの公文書を精査すること5年、レペハインは『プロトコル』がつくられた証拠をついに見つけ出したのだ。それを『レクスプレス』に発表したことで、この問題は解消するはずだった。ドイツ人雑誌記者、コンラッド・ハイデンが1944年に発表した、ゴロヴィンスキー偽造説が裏づけられたわけだ。『レクスプレス』によれば、レペハインは、パリを本拠に37年間活動してきたロシアの秘密警察職員アンリ・ビントのファイルから根拠となる証拠を見つけだしたという。

　レペハインによれば、経緯はこうだ。1917年、ロシアの新たな革命政府に反対するセルゲイ・スワチコフは、ニコライ2世の秘密警察の解体に携わることになった。その際、ビントへの尋問で、『プロトコル』の作者がマシュー・ゴロヴィンスキーなる零落した旧貴族の家庭に生まれた、狡猾で冷酷な野心家の若者であることを知った。

　1925年、帝政ロシアの最後のフランス大使、バジル・マクラコフが大使館のファイルをもって逃げだし、アメリカのフーバー財団に渡した。その後、スワチコフは新しいボリシェビキ政権を離脱し、かつてビントから買いとっていた彼の個人ファイルを持ち去った。そしてそのファイルをプラハの私立財団、ロシア・ファイルズ・アブロードに託した。

　第2次世界大戦後、ソ連はこの財団の資料を押収し、ロシアの連邦政府のファイルとともにモスクワの保管庫に収めた。ゴロヴィンスキーはボリシェビキ運動の初期に役人になっていたため、こうした不都合な文書が公表されることはなかった。ソ連のファイルを調べることができるようになったのは、共産党政権が崩壊してからだ。

　『レクスプレス』の最初の報道に続き、2002年、パリの有力紙『フィガロ』がヴィクトール・ルパンによる重要な論説を掲載した。レペハインが『プロトコル』の作者を暴いた件についてさらに詳細を述べたものだ。しかし、マスコミはあまり関心を示さなかった。

　このように事実が明らかになったにもかかわらず、『プロトコル』は繰り返し世に出て、いまだに本物だと受け取られている。アラブ諸国全域と、多くの

ヨーロッパおよびアジアの国々でも出版されている。たとえば、2003年6月、マレーシアの与党政権は『プロトコル』のコピーを無料で配っている。

　長年にわたり、多くの書物と優れた学者の論文が『プロトコル』の悪辣さを明らかにしてきた。しかし、そうした研究はほとんどが研究者によって書かれ、学者やすでに偽造と知っている人にしか知られていない。

　そこで私は時系列の形でこの物語を描いてみることにした。大衆文学の媒体として漫画は幅広い支持を得ているため、よりとっつきやすい語り口でこのプロパガンダに真正面から取り組むいいチャンスだと思ったのだ。この作品が、恐るべき吸血鬼のごとき欺瞞の棺に、さらにもう一本の釘を打ちこむことになってほしいと願う。

2004年12月
フロリダ　タマラックにて

ある集団が
別の集団を
嫌うよう
教えられれば、
間違いなく
そこには
虚言が生まれる。
そして
憎悪をあおり、
陰謀が
正当化される。

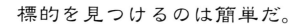

標的を見つけるのは簡単だ。

なぜなら敵は常に

もう一方の側なのだから。

もともとの標的

1848年、パリで起きた革命に追いつめられてルイ・フィリップ王が退位し、ルイ・ナポレオン（ナポレオン・ボナパルトの甥）がフランスの大統領に選出された。4年後、クーデターにより、ルイ・ナポレオンはフランス皇帝、ナポレオン3世を名乗った。

ナポレオン３世が皇帝として最初におこなったのは、政敵を投獄することだった。彼は悪賢い君主で、しかも権力者として積極的に軍事力を利用して名誉を得たいという野心に駆られていたが、大多数の農民は貧しく、絶望的な状態だった。

　最初、ナポレオン３世はフランスの「近代化」と経済の自由化に努め、一時的に国民の人気を得たが、結局残したものは独裁者、政略家としての足跡だけだった。

　1870年、ドイツが急激に強大化していることに恐れをいだいたナポレオン３世は、この隣国に宣戦布告した。だが、たちまち敗北を喫し、ナポレオン３世は捕われた。1871年に釈放されるとイギリスに追放され、1873年にその地で死去した。

　モーリス・ジョリーはこの独仏間の緊張の高まりに注目した。彼は1821年、フランス人の両親のもとに誕生。やがて弁護士としてパリの法廷に出入りするようになり、一時は国民議会の官吏として働いたこともあった。とりわけ力を注いだのは国内政治について痛烈なエッセイを書くことだった。彼もまたナポレオン３世を非情な専制君主だと酷評する多くの批評家の一人だった。

　1864年、ジョリーは『マキャベリとモンテスキューの地獄での対話』なる本を書いた。これはナポレオン３世を悪名高いマキャベリ——権力の獲得に関する冗長な論文『君主論』の作者——になぞらえたものだ。狙いはこの独裁者の卑劣で邪悪な考えを暴くことだった。

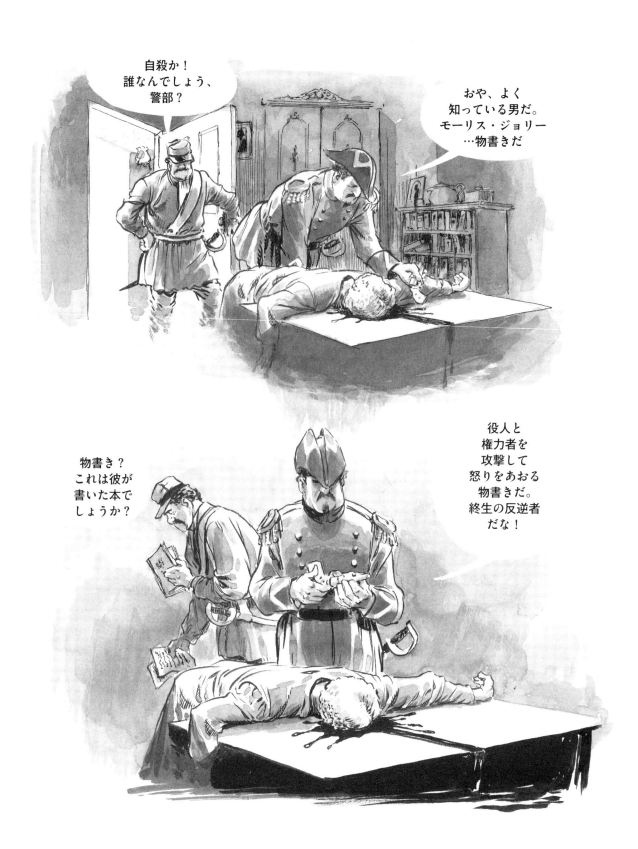

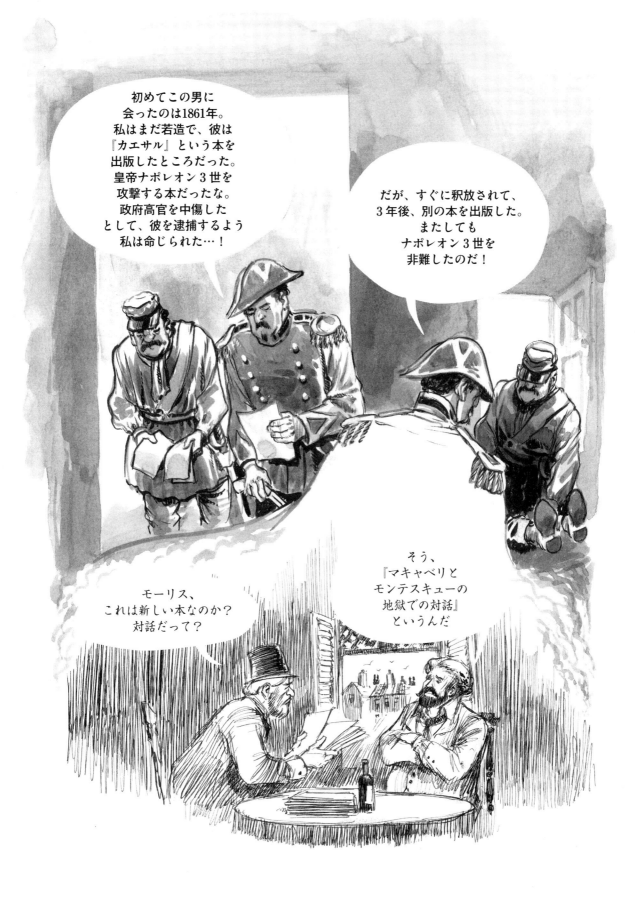

1894年
皇帝

　1894年、ニコライ2世がロシア皇帝の座についたとき、国内は社会不安で騒然としていた。家庭教師に育てられたニコライ2世は、国政をほとんど学んでいなかった。鈍感で、反動的で、無能な支配者で、感化されやすい人間だった。

　革命の機運は徐々に高まっていたが、表面的には封建時代そのままの状態だった。うわべの平穏を保とうと、ニコライ2世はひたすら弾圧策をとり、のちにはユダヤ人へのポグロム（迫害行為）を後押しした。

こうした反ユダヤ主義は目新しいものではなかった。1881年にアレクサンドル2世（ニコライ2世の祖父）が暗殺される以前から、ロマノフ家は皇帝に対する陰謀説を信じ込んでいた。

　ニコライ2世は強硬な意見に弱い皇帝だった。明確な発言をする人々の忠告にしたがって、考えをころころ変えた。最も信頼する相談相手はセルゲイ・イリエビッチ・ウィッテで、彼は賢明ではあったが、不評を招くこともあった。リベラルで近代主義的な考えを持っていたために、宮廷を牛耳っていた保守派から問題視されていたからだ。

ウィッテには強硬な政敵が二人いた。ゴレムイキンとラチュコフスキーで、彼らはロシアの秘密警察と関係があった。

いいか、ウィッテは抜け目がない。しかし、願わくば皇帝にはわれわれの価値観を保持してほしいものだ！

もちろん、皇帝は反乱の危険が迫っていることには気づいているに違いない！

しかし、いったいそんな文書がどこにあるんだ？

何の問題もないさ！さっそくフランスに戻って、わが秘密警察オフラーナの手ででっち上げるとしよう。そのためにもう何年もフランスの新聞社でプロパガンダ活動をおこない、準備してきたんだ

もっともらしい文書をつくるには、きわめて巧みな贋作者が必要だぞ！

それも問題ないと思う！

心配するな、ゴレムイキン。その「武器」を持ってすぐにモスクワに戻ってくるよ

1875年
マシュー・ゴロヴィンスキー

　マシュー・ゴロヴィンスキーはロマノフ王朝時代の1865年、ロシアのシンブリスク地方で生まれた。一家は衰退しつつあった貴族階級で、彼の社会的地位も先行き不透明だった。それでも貴族階級として典型的な、のんびりとした環境で育った。

　ところが、10歳のとき、父親のバジル・ゴロヴィンスキーが死去した。

デカブリストの乱：1825年12月14日、貴族出身の青年将校たちが皇帝専制と農奴制の廃止をめざしてペテルブルクで武装蜂起した事件。ロシア語で12月をデカーブリというため、この名が付けられた。反乱は一日で鎮圧され、多くはシベリアなどに流刑となった。流刑地についていったデカブリストの妻はその献身をたたえられ、ネクラーソフなどが詩作のテーマとしている。

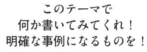

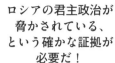
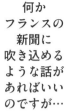

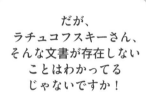

ドレフュス事件：1894年、ユダヤ系の陸軍大尉アルフレッド・ドレフュスがドイツに情報を売ったとして終身刑に処せられたが、後に真犯人が判明。これを隠蔽した軍部に対して、小説家エミール・ゾラが糾弾をくわえ、知識人・共和派と軍部・右翼が対立する政治的事件となった。1899年、ドレフュスは釈放され、1906年に無罪が確定した。

1905年

ニコライ2世は国民の怒りを鎮めようと的はずれの努力を続けた。基本的な自由を与え、国会（ドゥーマ）開設を容認したが、解散が繰り返された。一方で、彼は民衆の暴動を情け容赦なく鎮圧した。1月9日、サンクトペテルブルクで労働者による平和的なデモに軍隊が発砲し、これは「血の日曜日事件」として知られることとなった。反ユダヤの計画も日ましに勢いづいてきた。ニルス博士が刊行したロシア語版『シオンのプロトコル』は広く配布され、君主制主義者は読み書きのできない農民にそれを読み聞かせた。

1914年

第1次世界大戦の開始は、結局ロシア軍の敗北につながった。経済の悪化は市民に恐るべき苦難をもたらした。政府支持者は公然と「ユダヤの陰謀」を口にするようになった。

1917年

食料を求める暴動やストライキ、それに皇帝が恐怖にかられて第4回国会を解散させたことで、事態は急速に革命へと発展した。11月までには、ボリシェビキ（元ロシア社会民主労働党の革命派）が国家権力を掌握した。王党派が反発して内戦が起きたが、敗退した。ニコライ2世は皇帝を退位し、1918年、ボリシェビキによって一家ともども処刑された。

貴族はロシアを逃れ、ヨーロッパ、極東および中東の各地に散り散りになり、国外居住者としてその地に住みついた。大半はほとんど仕事の経験がなかったため、金銭を得ようと貴重品を売り払うことが多かった。その中にはロシアが反ユダヤ文献をどう利用したかを示すものもあった。

1920年

The  Times

LONDON, SATURDAY, MAY 8, 1920.

『ユダヤ禍』

憂慮すべきパンフレット

審査を求む

（駐在員による報告）

『タイムズ』紙はこれまでこの小冊子の存在に気づかずにいた。ところが、この文書の浸透は勢いを増しており、それを読む思慮深い庶民を混乱に陥れる懸念を呈している。かくも邪悪な陰謀のせいで、一民族や一教義が非難されるとは前代未聞のことである。ユダヤ人を代表する多数の人々とこの国で友好的に暮らすわれわれとしては、この文書にしかるべき正式の批判がなされ、醜悪な「ユダヤ人」という亡霊を破壊するか、もしくは根拠のないこの手の文書による狭猾な主張に対して適切な処置を求めていくべきだろう。

厳正かつ徹底的な批判が急を要する事態であるにもかかわらず、このパンフレットは、ほとんど問題にされることなく許可されてきている。ユダヤ人記者団は、『ユダヤ禍』の反ユダヤ主義が露呈されつつあると表明したが、3月5日付けの『ユダヤ・ガーディアン』紙における不十分な記事と、同様に不十分な3月27日号の『ネイション』誌への寄稿記事のほかは、この本に関する真偽のほどはいまだに検討されていない状態である。しかも、『ユダヤ・ガーディアン』紙の記事は、主にこのパンフレットに表れている著者の人柄とロシアの反動主義プロパガンダ、ロシアの秘密警察について書いているにすぎず、『シオン賢者のプロトコル』の内容そのものには触れていないという不満足なものだ。この本が描く純粋にロシアに関する事柄や、熱情的な「ロシア正教会」というのは、この文書の最も興味深い特徴ではない。モスクワ外国宗教省の下級官僚だった著者 S・ニルス教授には、多数の公文書や未出版書類にアクセスする機会が大いにあったことだろう。一方、彼が著書に組みこみ、今や『ユダヤ禍』というタイトルで英語版に翻訳された『プロトコル』が引き起こした世界的な問題は、世人の関心をひくにとどまらず、人々の良心を奪い、偏見を植えつけるであろうことは明らかだ。公的な批判もなされないまま、英国の読者が自ら取り組まなくてはならない『プロトコル』のテーマとは一体何なのか？（…）

英国の全総力を駆使して「ドイツによる平和」を免れたわれわれは、結局「ユダヤ人による平和」に陥るのか？『プロトコル』に描かれた「シオン賢者たち」は、ヴィルヘルム2世とその取り巻きなどは比べ物にならないほど容赦ない人間たちである。『ユダヤ禍』の読者にとって、こういった疑問は、肩をすくめて片づけられるような問題ではない。典型的な反ユダヤ主義の影響力が強まることを望み、ユダヤ人に対する非難に「沈黙の共謀」を決めこみたいなら話は別だが。これらの記録文書と称するものとその歴史に関して、公平な調査がなされることがなによりも望まれる。英語版の翻訳からは、その歴史を読み取ることはできない。それらは、ユダヤ人のためにユダヤ人によって書かれたかのように、あるいは、ユダヤ人からユダヤ人に対する講義の形で作られたものであるかのような体裁をとっているが、仮にそうであるのなら、いかなる状況でそれらが作成されたのか、ユダヤ社会のいかなる緊急事態に対処するために作成されたのか？　われわれは、この問題を調査することなく打ち捨てて、このような文書が持つ影響力を野放しにしておいてよいのだろうか？

ユダヤ人の切なる望み

ワイズマン博士が語る
パレスチナの将来

サン・レモ会議から戻ったユダヤ人国家建設運動のリーダー、ワイズマン博士は、パレスチナの将来に関する昨日の声明の中で、ユダヤ人国家建設目標を達成するために提供された『タイムズ』紙の支持に対して感謝の気持ちを表明した。バルフォア宣言は、トルコとの協定に組みこまれたことにより、世界的な認可を得ることになった。英国に与えられた委任統治について、ワイズマン博士は以下のように語った。

――委任統治の実質的な期間やパレスチナにおける境界のような重要な詳細がまだ未解決の状態です。フランス領シリアとパレスチナ間の境界設定の問題があり、それによって、北の国境とアラブ・シリアに隣接する東の境界が制定されます。（…）

誤解を解く必要があるでしょう。パレスチナは純粋にユダヤ人の国になるわけではありません。しばらくの間、英国の管理下で統治されることになりますが、将来的にユダヤ人の居住地、民族的郷土になるという目標は確実に保持されます。最初の目的は…

1921年
コンスタンチノープル

> こうして並べてみるといい。明らかにジョリーの『対話』を盗用したことがわかります！

> なるほど…でもちょっと待ってくれ。目を通すから。うん、確かにそうだな！

地獄での対話

第1の対話

　マキャベリ：人間の邪悪な本能は善良な本能よりも強力だ。人は善よりも悪のほうに向かいがちだし、理性よりも恐怖と権力に支配される。…人はみな権力を求めるものであり、たとえ圧制者になれてもなるつもりはない、などと言う者はいない。すべての、ほぼすべての人間が、自身の利益のためには他人の権利を平気で犠牲にする。

　人間という、この貪欲な動物を制止するものは何か？　社会ができた初期には、それは制御できない野蛮な力であり、その後は法律になったが、それもまた一定の形式で規制された暴力だ。歴史のあらゆる起源を調べると、どこでも正義より先に暴力が出現している。

　政治的自由は、相対的な観念でしかなく…

プロトコル

第1　3－6項

　邪悪な本能を持つ人間は善良な人間より多く、それゆえ彼らを統治するには、空理空論ではなく、暴力と威嚇を用いてこそ、最良の結果が得られることを心にとめておくべきだ。いかなる人間も権力を得ようとするし、誰もがなれるものなら独裁者になりたいと思っている。おのれの幸福を得るために万人の幸福を犠牲にするのをためらう者は、まれなのである。人間という肉食獣を制止するものは何か？　これまで彼らを導いてきたものは何か？

　社会の仕組みがつくられた初期には、人間は野蛮で見境のない力に支配され、その後は法律に従うことになるが、法律もまた形を変えた暴力である。結論として、自然の法則によって、正義は力に存する、と言えよう。政治的自由は、観念であって、事実ではない。

地獄での対話

第1の対話

　ひとたび国ができあがると、二種類の敵ができる。国内の敵と国外の敵だ。外国との戦争では、どんな武器を使うだろうか？　双方の敵将は、自分たちが守られるように互いに作戦計画を知らせ合うだろうか？　夜襲や罠、待ち伏せ、軍勢に差のある戦闘は慎むだろうか？　断じてそんなことはない。そんな武人はもの笑いの種になるだけだ。一方、こうした罠や策略など、戦争に不可欠のあらゆる戦略が、国内の敵や治安を乱す者に対して使われることには抵抗がないだろうか？…だが感傷や激情、偏見のみに衝き動かされる暴徒を、はたして理を説くだけで納得させることができるだろうか？

プロトコル

第1　9,10項

　あらゆる国家に二通りの敵がいるならば、そして外敵に対しては、たとえば敵に攻撃や防御の計画を隠しておく奇襲戦法、夜襲、相手をしのぐ大群で攻撃するなど、あらゆる戦法、戦術が許され、非道とみなされないならば、もう一つの悪質な敵、つまり社会機構や公共の福祉を破壊する者に対しても同様の方法を用いることが、どうして非道な許されない行為だと言えるだろうか？

　異論や反論は、たとえそれが非常識なものであっても生じうるし、そうした反対意見のほうが、うわべでしかものを考えない大衆の支持を得るかもしれない。健全で論理的な思考の持ち主が、理にかなった助言や主張によって大衆を導けると、本当に望んでいいものだろうか？

> 基本的な考えは同じだ。
> 「二種類の敵」が「二通りの敵」
> というように、
> 言葉は変えてあるが…

地獄での対話

第1の対話

　マキャベリ：政治は道徳と何か関係があるだろうか？…

　ところで、この「正義」という言葉自体、非常にあいまいだと思わないか？

　正義はどこから始まり、どこで終わるのか？　どんなとき正義が存在し、どんなとき存在しないのか？　たとえば、一つの国があるとする。公権力の組織の不備、民主主義の混乱、不平分子による騒動を治めるべき法の無力などがすべて国を破滅に追いやることになるだろう。そこで、実力のある人間が貴族階級または民衆のなかから出てきて、あらゆる既存の権力を打破する。彼は法律に手をつけ、諸制度を改め、祖国に20年にわたる平和をもたらす。いったい彼にこれだけのことをする権利があったのだろうか？

プロトコル

第1　11,12,13,14項

　政治は通常、道徳とは何の関係もない。

　「権利」という言葉は、抽象的な概念であり、それを検証するものは何もない。

　権利はどこから始まるのか？どこで終わるのか？

　当局の組織が不備で、法律が非人間的で、自由主義によって権利が増えつづけるようないかなる国においても、私は新たな権利を見いだす。それは強者の権利によって、あらゆる既存の秩序や規制の力を蹴ちらし、あらゆる行政機関を再編成し、みずからが有する権力を自由主義のために自発的にわれわれにゆだねた人々の統治者になるということである。

――1897年に書かれた『プロトコル』は、賢者たちがあらゆる非ユダヤ人秘密結社を排除することを宣言した、と述べている！

――たしか1851年に、ジョリーが敵とみなしたナポレオン3世が秘密結社を禁じ、2万6000人の会員を投獄しているんだ。『プロトコル』が出る46年前だ

地獄での対話

第1の対話

マキャベリ：…私は、道徳的で善なることには、有用で必要なことほど関心をもてない。

…実は、わが祖国での民衆の気まぐれ、臆病、そして生来の奴隷根性を目のあたりにし、また、彼らが自由な生活というものを思い描くことも尊重することもできないのを見てきた者として言わせてもらうが、民衆は、私の目には、ただ一人の人間の支配下に置かれなければ、いずれ消滅する盲目的な勢力であり、およそ統治することも、判断をくだすことも、戦うこともできないのだ…

プロトコル

第1　16,18,20項

しかしながら、われわれの計画では道徳的で善なることよりむしろ、必要で有用なことに目を向けよう。

納得のいく活動形態をつくりあげるには、大衆の非道、怠慢、移り気を考慮し、また、彼らが自身の生活状況や幸福を理解し、尊重する能力に欠けていることも頭に入れておかねばならない。大衆の力はどの側からの示唆にもなびきやすく、盲目的で、愚かで、無分別なものであることを知っておくべきである。

国民は、自分たちに、つまり国民のなかから成り上がってきた者たちのなすがままにさせると、権力や名誉を追い求め、そこから生じる混乱によって引き起こされる仲間内の不和のせいで、自ら破滅を招くことになる。一般大衆が冷静に、つまらない妬みもなく、良識ある判断を下し、私利私欲を差しはさむ余地のない国家の諸問題をきちんと処理できるのか？　外敵から自らを守ることができるのか？

「23項目の議定書すべてに目を通すつもりなのか、グレイブス？」

「ああ、そうだ！」

地獄での対話

第4の対話

　今、おびただしい数の人々が貧困のために労働に縛りつけられているが、これはかつての奴隷制度と同じではないか。貴殿の議会制という絵空事が彼らの幸福のために何ができるのか、私は聞きたい。貴殿のすばらしい政治運動は、結局、たまたま運よく特権を手に入れた少数の人々の勝利に終わっただけで、昔の貴族が家系によって特権を得ていたのと何ら変わらない。雄弁家が人前で語る権利を得、ジャーナリストが書く権利を得たとしても、そんなことが、きつい労働にあくせくし、過酷な運命に押しひしがれたプロレタリアにとって、どんな意味があるのか？貴殿が創出したさまざまな権利も、一般大衆が利用できないとすれば、彼らにとってまさに机上の空論になるだろう。それらの権利は、法律がそれを存分に享受することを認めているが、貧困のために実際には行使できないものであり、国民にとっては敗北を示唆する痛烈な皮肉でしかないだろう。

プロトコル

第3　5項

　人々はみな貧困からきつい労働に縛りつけられており、それはかつて奴隷制と農奴制に縛られていた以上のものだ。奴隷制と農奴制からは、何とかして逃れられるかもしれないし、解決することもできるだろうが、困窮からは逃れられないだろう。われわれは大衆にとって現実とはほど遠い、絵空事にしか見えない諸権利を憲法に盛り込んだ。これらいわゆる「人民の権利」はすべて、実生活では決して実現されえない、観念の中にのみ存在しうるものだ。たとえ、弁論屋がまくしたてる権利を、ジャーナリストが確かなこともたわごとも取り混ぜて書きちらす権利を得たとしても、重労働を強いられ、運命に押しひしがれているプロレタリアにとって、それが何になるのか？　プロレタリアが憲法から得るのは、われわれがテーブルから放りなげるパンくずほどのものでしかなく、それもわれわれが指示したものに賛成し、われわれが政権の座につけた人々、つまりわれわれの代表者という奉仕者に投票することと引き替えなのだ。共和制の権利は、貧しい人間にとって痛烈な皮肉でしかない。

「ははあ！これは明らかにまねているな。一語一句、そして近代的な用語を巧みに盛り込んでいる。「人民の権利」や「共和制の権利」などと…」

地獄での対話

第4の対話

　マキャベリ：貴殿には人間性の計り知れない卑劣さがわかっていないようだ。人は、権力の前では卑屈になり、弱者の前では情け容赦なく、他人の失敗には無慈悲で、自分の罪悪には寛大だ。自由主義体制の矛盾にはがまんをしかねるが、勝手気ままな専制政治のあらゆる暴挙には殉教ともいえるほど耐えしのび、怒りにまかせて王権を倒し、自ら支配者を選び、彼らの暴挙は大目に見る。だが、その暴挙の最もささいなものでさえ、昔なら20人の立憲君主たる王の首をはねるのに十分だったろう。

プロトコル

第3　16項

　これがゴイムの底知れぬ卑劣さだ。彼らは権力にはひざまづき、弱者には無慈悲で、他人の過ちには容赦なく、自分の罪悪には寛大だ。自由社会の矛盾は容認しかねるが、不敵な専制政治の暴挙のもとでの殉教的な苦難には忍耐強い。だが、これらの資質こそ、われわれの独立には役立つのだ。ゴイムの国民は、首相という現代の独裁者に悩まされつつも我慢し、はなはだしい権力の乱用にも耐えているが、その不当な扱いの最もささいなものでさえ、昔なら20人の王の首をはねるのに十分だったろう。

実にひどい！
『対話』の「人間性」が、『プロトコル』では「ゴイム」になっている。
これはヘブライ語由来のイディッシュ語で、ユダヤ人が「非ユダヤ人」に対して使う言葉だ。
シオン賢者が『プロトコル』のような正式文書で、あえてこんな言葉を使うほど世間知らずで不注意だなんて、信じられるか？

地獄での対話

第9の対話

マキャベリ：それに、一口に憲法といっても、真にその名に値し、本当に永続的なものが、民衆の協議の結果として生まれるのを見たことがあるか？ 憲法はただ一人の人間の頭から十分に整ったものとして出てくるべきであって、さもなければ結局忘れ去られるものでしかなくなる。文章に一貫性がなく、脈絡もなく、実効性にも欠けるのなら、必然的にその文章の中心的な見解に問題があるということだ…

モンテスキュー：…貴殿の話を聞けば、人は、貴殿が国民を混沌状態から、つまり原始の深い闇から救い出そうとしていると言うだろう…

マキャベリ：それを否定はしない。だから、私が目標を達するために、貴殿の行政組織を徹底的にぶち壊す必要のないことはわかるだろう。仕組みを修正し、方法を変えるだけで十分なのだ。

プロトコル

第10　6,7項

政府の計画はただ一人の頭脳で生み出されるべきだ。小分けして大勢で分担して考えると、決して揺るぎないものにはならない。したがって、われわれが行動計画を知るのはいいとしても、それについて協議すべきではない。計画の巧妙さ、構成要素となる各部分の関連性、各項目の隠された意味の実効性を妨げてはならないのだ。この種の労作を、何度も投票を重ねて議論し、修正することは、行動計画にあるそれぞれの企ての奥深い意味と相互の関連を見抜けなかったことをもろに印象づけることになる…

これらの計画が既存の行政組織をただちに覆すことはない。単にその経済構造に変化をもたらし、ひいては組織が発展する過程での複合的な動き全体における変化に影響を与えるにとどまる。ちなみに、組織の発展はこうしてわれわれの計画に定められた指針に沿って進められるだろう。

どのように思想をまねしたのかよくわかるよ！

地獄での対話

第10の対話

マキャベリ：…さて、繰り返しになるが、国務会議（Council of State）とは何か？…それは起草委員会にすぎない。国務会議が法律をつくるようになっていても、実際につくるのは君主であり、国務会議が判決を下すようになっていても、それを下すのは君主だ…

モンテスキュー：事実、もしわれわれが貴殿の手中にある権力の総和を見積もれば、貴殿は満足するようになるはずだ。

要点を述べよう。

貴殿が法律を制定する場合、1．立法機関への提案という形で、2．布告の形で、3．上院命令の形で、4．一般規則の形で、5．国務会議の決議の形で、6．内閣の規定の形で、7．そして最後に、クーデターの形で、それをおこなうことになる。

プロトコル

第11 1，2項

国家評議会（State Council）は、いわば、統治者を明確に表現する道具である。それは立法府の「ショー」的な部分として、統治者が発布する法令の編集委員会と言えるものにもなるだろう。

次に、新憲法の要目を記す。われわれは法、権利、正義を実現するにあたり、（1）立法府への提言の名のもとに、（2）大統領の命令によっておこなうのであるが、形式上は、一般法規あるいは上院命令の名のもとに、または内閣命令を口実とした国家評議会の決議の名のもとに、（3）さらには、その機会が訪れれば、革命という形で、これをおこなうものとする。

『対話』をまねするとき、なぜ『プロトコル』では「クーデター」を「革命」に変えているんだろう？

ロシア皇帝が革命を心配していたからに決まってるよ、だろ？

地獄での対話

第13の対話

　マキャベリ：モンテスキュー、それは貴殿がわかっていないからだ！　ヨーロッパの民衆扇動家たちの大半は、いかに無能で単純なことか。この虎たちの本性は羊で、頭は空っぽだ。彼らの夢は、個々人を一つの象徴的な統一体に吸収すること。完全なる平等の実現を求めているのだ。

プロトコル

第15　6項

　ゴイムの最高の賢人たちを、その持ち前のうぬぼれの強さにもかかわらず、どこまでうぶな人間にさせられるか、そして同時にどれほどたやすく骨抜きにできるか、あなた方は想像もつかないだろう。彼らは外見は虎でも、本性は羊で、頭は空っぽだ。だからわれわれは、集産主義、つまり象徴的な単一集団に個々人が吸収されるという思想に、彼らが得意満面で取り組むよう仕向けたのだ…

「…この虎たちの本性は羊で、頭は空っぽ…」たしかに気の利いたたとえだ。『プロトコル』が盗用したくなるのも無理はない！

地獄での対話

第17の対話

　モンテスキュー：…これで、ビシュヌ神のたとえ話にも合点がいく。このヒンドゥーの偶像神のように、貴殿は百本の腕を持ち、それぞれの指が機械装置のバネに触れている。貴殿は、あらゆるものに触れるようにあらゆるものを見ることもできるのか？

　マキャベリ：そのとおりだ。警察を非常に広大な機関としたことで、わが王国の中心部では、国民の半分が残りの半分を見張ることになる…

　…もし思いどおりの成果が得られれば——そのことはほとんど疑っていないが——わが警察は外国で、たとえばこんなふうに姿を現す。外国の宮廷で道楽者を気取ったり、楽しい仲間を装ったりして、その実、王族たち、あるいは王位継承者を自称する亡命中の者たちの陰謀を監視するのだ。…また、主要都市では政治評論新聞を創刊したり、密かに助成金を支給して、印刷所や書店を設立させ、同じような任務に当たらせる…

プロトコル

第17　7, 8項

　われわれの王国は、ビシュヌ神の弁明書となるだろう。ビシュヌ神には化身がおり、われわれは百本の手のそれぞれに、社会生活機構のバネを一つずつ持っている。そして、われわれは警察当局の手を借りずにすべてを見通すのだ。…われわれの計画では、国民の3分の1が他の人民を監視することになる…

　われわれの情報員は上層階級からも下層階級からも登用されるだろう。日々遊び暮らす官僚層、出版・印刷業者、書店員、事務員、セールスマン、職人、御者、従者などなど…

ところで、なぜシオン賢者たちは自らの王国をヒンドゥー教の神、ビシュヌ神のようなものにたとえたんだろう？

地獄での対話	プロトコル
第20の対話	第20　26－32項
モンテスキュー：結局、歳出は歳入に釣り合っていなければならない…	歳入と歳出のそれぞれの予算は、個別に作成すると互いが見えなくなるので、並行しておこなうようにする。
マキャベリ：ざっとこんな具合に事は運ぶ。総予算、これは年度初めに採決で決められるが、総額で、たとえば8億になったとする。ところが半年過ぎると、財政的な実情がすでに当初の見積もりと合わなくなってくる。そこで、いわゆる補正予算が議会に提出され、もとの数字に1億とか1億5000万とかを上乗せすることになる。それから、さらに追加の予算が必要になる。5000万から6000万の追加だ。（次頁へ続く）	…最初の歪みは、ここに指摘するように、まず片方だけの予算づくりを始めることにある。年々ふくらむ一方の予算だが、その原因は明らかで、当初の予算が会計年度半ばまで引きずられ、それから補正予算が要求され、（次頁へ続く）

『プロトコル』の作者は『対話』をつくりかえるのにあまりにも急ぎすぎて、あからさまにユダヤ人の陰謀だと言ってしまっているな！

地獄での対話

　やがて精算時になると、1500万、2000万、3000万の追加になる。つまり、概算で、不測の歳出の総額が見積もりの3分の1にもなる。議会の採決で承認されるのは、この最終的な数字だ。こうして、10年後、予算は2倍、いや3倍にもなっていく…

　モンテスキュー：…確かに、借入に頼らないですむ政府はほとんどないが、それを節約しながら使わねばならないのも道理だ。見込まれる財源にはまったく釣り合わない法外な重荷を未来の世代に負わせるのは、道義に外れているし、危険でもある。（次頁へ続く）

プロトコル

最終的には、すべてを累計した額と一致することになる。結局、標準とすべき値からのズレは1年で50パーセントにのぼり、年度予算は10年のうちには3倍にもなる…

　いかなる種類の借金であれ、国が債務を負うことは、国家の脆弱さを物語ると同時に、国の実情への理解不足を示すものである。ダモクレスの剣のように、国債が頭上にぶらさがっている統治者は、臨時税として国民から徴収するのではなく、われわれの銀行家にお金を出してほしいと手のひらを差し出す…ゴイムの国々は、あくまでも重荷を増やしつづけ、自ら招いた出血によって、必然的に自滅せざるをえなくなる。（次頁へ続く）

これらの利息予想は、同じように借金の危険性を言っているな！

地獄での対話

　では、どうやって借り入れをするのか？　債券を発行するのだ。これは政府が預けられた元金に応じて年利を支払わなければならないものだ。たとえば年利が5パーセントの国債なら、20年後には国は借り入れた元金と同額を支払うことになる。40年後には2倍、60年後には3倍で、しかもなお元金と同額の借金を背負ったままだ。しかし、近代国家は増税には制限が必要だと考えている。（次頁へ続く）

プロトコル

　実際のところ、国債、特に外債とは何なのか？　国債とは、借り入れた金額に釣り合う年利負担を含む、政府発行の為替手形である。国債に5パーセントの利子が課されれば、20年で借り入れた金額と同じだけのお金を無駄に払うことになり、40年後には2倍、60年後には3倍となり、その間ずっと借入金は未返済のままなのだ。

　この計算からも明らかなように、国は勘定を清算するため、何らかの形の人頭税で、貧しい納税者のなけなしの金を吸いあげることになる…国家が必要とする金をはじめから国民に対する税金として集めれば、さらなる金利も必要ないのに。（次頁へ続く）

地獄での対話

　そこで彼らは、単純さの点から言っても、実にみごとな計画を思いついた…特別基金なるものを創設し、そこに、出資される金は継続して少しずつ、永続的に、国の借入金を返済するのにあてられる。そこで、国は債券を発行するたびに、新しい借金を所定の期日に精算するために、一定の資金をこの減債基金に投入しなければならなくなる…

　われわれの会計制度は、長い経験のたまものであり、その手続きの透明性と確実さで際立っている。悪用を防ぎ、最下位の役人から国家元首にいたるまで、元来の目的に反するどんなささいな流用も、不正使用も、できないようになっている。

プロトコル

　国債が国内向けであるかぎり、ゴイムは自分たちの金を貧乏人のふところから金持ちのふところへと移しかえるだけだったが、国外向けにするために、われわれが必要な人物を送り込むと、各国の富はすべて、われわれの金庫に流れ込んできた…

　われわれは会計制度に厳しい制約を設けている。統治者であろうと末端の官吏であろうと、ごく少額であっても、その使途を勝手に変えたり、または行動計画で明確に決定されたものを流用することができないようにしている。

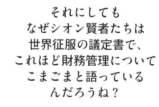

それにしてもなぜシオン賢者たちは世界征服の議定書で、これほど財務管理についてこまごまと語っているんだろうね？

地獄での対話

第21の対話

マキャベリ：貴殿は国債に少々偏見を持っているのではないか。…現代の経済学者は今日では、国の債務は国家を衰退させるどころか、かえって潤すことをはっきり認めている。どういうことか説明させていただけるかな？

モンテスキュー：…まず、私が知りたいのは、これほどの資金を誰から、どんな理由で調達するかだ。

マキャベリ：それには対外戦争が大いに役に立つ。大国では5、6億の借り入れは許される。戦争ともなれば、それをうまくやりくりして、その半分か3分の2しか使わないのが一般的だ。残りは国内経費用として国庫に置いておくというわけだ。

プロトコル

第21　1,11項

前回の会議での報告につけ加えることは何もない。というのも、ゴイムの国の金でわれわれはだいぶ潤っているのだ…

役人は賄賂に弱く、統治者は怠慢だ。そこにつけ込んで、ゴイムの政府に特別な用途のない金を貸しつけて、われわれの金を2倍にも3倍にも、それ以上にもしてきたからだ。

ただし、もちろんこれは賢者たちが書いたものではない。われわれもそう思っている！

地獄での対話

第23〜第25の対話

　マキャベリ：…君主を崇拝するのは一種の宗教であり、あらゆる宗教がそうであるように、この教団も道理に合わない矛盾や不可解なことを定めている。

　…私は、最も身近な人にすら、私の意図が見抜かれないようにしたいと思う。命令を出すときには、その計画を伝えるにとどめる…

　君主の助言者たちは、彼が次に何を考えつくか、密かに話し合う。彼らの目には、君主は神を具現するものであり、神意は計りがたく深遠なのだ。（次頁へ続く）

プロトコル

第24　3－15項

　ダビデの末裔(まつえい)の一部の者は、王とその後継者を決め、彼らに政治上の最高機密や政府の基本構想を伝えるが、常に他の何びともその機密を知ることのないよう規定している…

　王の当面の行動計画は――そして将来のそれはなおのことだが――最も親密な助言者たちにすら知らされない。

　国王とその後ろ盾となる3人のみが、何が起ころうとしているかを知ることとする。

　断固たる意志を持って、おのれ自身と人類を導く王であれば、万人はその神秘的な宿命を感じとるはずだ。（次頁へ続く）

明らかな脚色だ！『対話』の君主は、『プロトコル』では王となっている

プロトコル

　国王が自らの意向で何をなしとげたいと願っているかを知る者はなく、それゆえ、あえてその進路に立ちはだかろうとする者もいないであろう…

　国王が国民に理解され、愛されるためには、自ら市場に出向き、彼らと話し合うことが不可欠である。それによって、今のところわれわれが恐怖によって分断している、この二つの勢力は必然的に結びつくはずだ。

　ダビデの聖なる末裔にして、全世界の至高の支配者としての人類の支柱は、国民のために個人的な意向はすべて犠牲にせねばならないのだ。

地獄での対話

　彼らにしてみれば、すでに準備されている企てが、いつなんどき自分の身にふりかからないともかぎらない。

　民主制に基づく権力を有する君主は、たとえ大衆向けであっても、言葉は注意深く選ばねばならない。必要なら、恐れることなく扇動政治家のように語らねばならない。結局、彼も一般民衆なのであり、彼らのような情熱を持たねばならないのだ…

　貴殿は先ほど、私が無私ということを知っているか、国民のためにわが身を投げ出せるか、必要なら王位を放棄できるかを問うた。私は殉教者として王位を投げ打ってもかまわないと思っている。

どうだい？

1921年

The Times

LONDON, WEDNESDAY, AUGUST 17, 1921.

『ユダヤ禍』
正体が判明

歴史的な「偽書」

捏造の詳細が明らかに

さらなる対比

1905年以来の政治ミステリーの一つ、悪名高き『シオン賢者のプロトコル』がお粗末な偽造書であり、その文面は1865年にフランスで出版されたある本を元にしている、というコンスタンチノープル駐在員からの記事を、昨日、当紙上で我々は公表した。

当紙駐在員はタイトル頁のないその本をロシア人の情報筋から入手し、それが大英博物館に保管されていた完全な複製と一致することを確認した。

その発表は、当然ながら、ユダヤ人問題に精通する人々の間に最大の関心を引き起こし、『プロトコル』が文明に対するユダヤ人の陰謀を示す信用できる証拠であるとする説に、ついに決着がつけられる結果となった。

以下に、『プロトコル』とジュネーブで発行されたと思しき『マキャベリとモンテスキューの地獄での対話』の文面との類似を示す記事の第2弾を公表する。

盗用の実体
(当紙コンスタンチノープル駐在員からの報告)

ジュネーブで発行された『対話』がモンテスキューとマキャベリとの挨拶で始まり、その部分が7頁に及んでいるのに対し、『プロトコル』の作者は、直ちに物語の核心へと突入する。

時代を繰り上げて言葉づかいを変えるよう命じられていた彼は、この最初の7頁を慌ただしくめくりながら、「ここには何もない」と怒って叫んだであろうことが想像できる。ところが、『対話』の8頁目に、まさに彼が求めていたものを見つけたのである。

グレイブス、よくやった。結局、300ポンド払ったがね。これでゴロヴィンスキーを見つけ出し、彼の自供が得られれば…

ハ！ それがなんと彼はボリシェビキになってたよ

ゴロヴィンスキーは党のために活動し、トロツキーの顧問にまでなった。だが、去年、死んじまった！

やれやれ、これまでか！

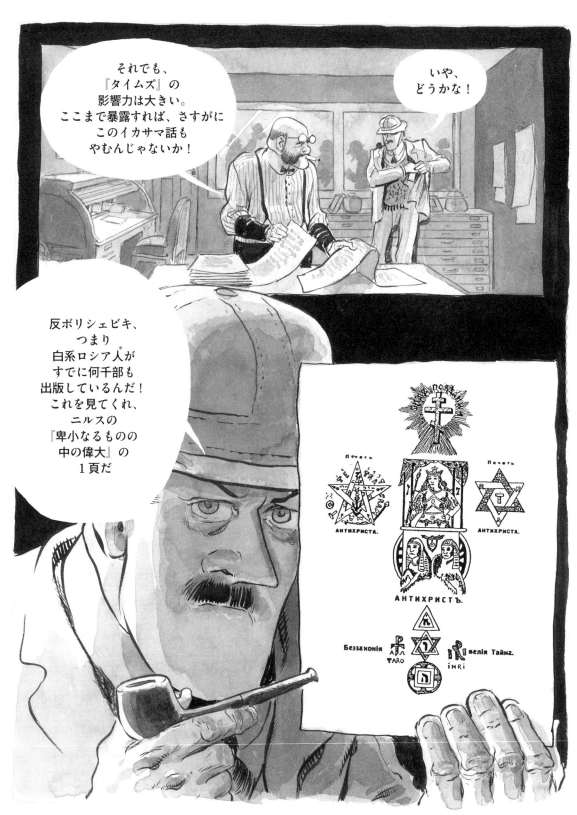

白系ロシア人：1917年のロシア革命後、ソビエト政権に反対して国外に亡命したロシア人。革命以前の支配階級に属した地主や資本家のほかに、革命軍と内戦を起こしていた軍人など、200万人にのぼったという。

1921年
ドイツ

1923年
ドイツ

1926年

アドルフ・ヒトラーは、ビアホール占拠※のかどで刑務所に収監されていた3年間に、有名な『わが闘争』を書きあげた。

この［ユダヤ人］という存在のことごとくが、どれほど絶え間ない嘘に基づいているかが、『シオン賢者のプロトコル』に端的に示されている。

重要なことは、その本が(…)ユダヤ人の真の本質と行動を暴露し、内情と最終目的を剥き出しにしていることなのである。

ビアホール占拠：ヒトラーが1923年11月に起こしたクーデターで、ミュンヘン一揆として知られる。フランスとベルギーがドイツの賠償金支払いの遅れを理由にルール地方を占領したのをきっかけに、バイエルンは反動勢力の拠点になっていた。ヒトラーは州都・ミュンヘンのビアホールを襲い、演説中の指導者にベルリン進撃への協力を要請したが、失敗に終わり、軍に鎮圧された。

1933年
スイス ベルン

アドルフ・ヒトラーの信奉者による国会議事堂放火事件*は、ヒトラーに、ドイツにおける支配力をもたらした。ナチスは急速にヨーロッパ諸国にその思想を輸出しはじめた。

国会議事堂放火事件：1933年2月27日夜にドイツの国会議事堂が炎上した事件。その年の1月に政権を樹立していたヒトラーは「共産主義者による反乱計画の一端」という口実のもとに共産党など左翼を弾圧したが、実際はナチスによって仕組まれた陰謀、という説が濃厚である。

1934年
スイス ベルン
裁判

フォードはこう言ったんだ。
「はなはだ遺憾なことに、
『ディアボーン・インデペンデント』
に掲載された記事のせいで、
私が反ユダヤ主義をあおる敵だと
ユダヤ人の方々に
思わせてしまいました！」

続けてこう言った。
「私はこの新聞によって、
『シオン賢者のプロトコル』を
広めてしまったことを恥じています。
これはひどい捏造だとわかったからです。
同胞であるユダヤ人に対する
間違った行為を償い、
許しを乞わねばならないと思っています」

さらに
『プロトコル』の
「邪悪な内容」を
列挙し、これは
「恥ずべき捏造」だと
言った

彼の謝罪で
何か
変わった
のかい？

1937年
スイス ベルン

1964年
ワシントンD.C.

ビッグニュースです。
アメリカ議会が
『シオンのプロトコル』に関する
報告書を発表しました！

確かに
めったにない
ことだな

88回連邦議会　　　委員会出版物
第2委員会

シオン賢者のプロトコル

偽造された「歴史的」文書

国内治安法および
その他の国内法管理捜査小委員会
による報告

米国司法委員会宛て

司法委員会使用のための印刷

34-7890
米政府印刷局
ワシントン：1964

はじめに

いかなる時代、いかなる国においても、偽造された「歴史的」文書なるものが、なんらかの悪意ある目的のために、疑うことを知らない大衆に押しつけられてきた。アメリカ合衆国では、そのような偽造が、地下政治の裏社会で定期的に作られる。これらの中で、もっとも邪悪でもっとも長くはびこったのが、『シオン賢者のプロトコル』である。

『プロトコル』は、「ユダヤ人の世界的な陰謀」という神話を広めた数多くの不正文書のひとつだ。ここ数年では、たとえば、『プロトコル』にきわめて似通った文書が、ソ連の少数ユダヤ人に反対する容赦ないキャンペーンの一環として印刷されている。ひとつ違うところは、ソ連で流通している文書は「国際ユダヤ人」を「国際資本主義」と同一視しているところだ。

ここに署名した上院議員たちは、したがって、この古い作り話の本質、出処、重要性に関する率直な疑問を解決するために、小委員会による以下の分析を刊行するよう推奨している。

この研究は、基本的に、『プロトコル』の起源と流通について調査する機会を得た、いくつかの国々の権威による数多くの分析を要約したものである。

トーマス・J・ドッド
ケニス・B・キーティング

1993年
カリフォルニア

1999年

2000年
アメリカ ルイジアナ

ここで「クリスチャン・ディフェンス同盟」が以前にヘンリー・フォードが出版した『国際ユダヤ人』を配っていることがわかったんだ！

ここだけじゃない!!最近、レバノンでは元エジプト大統領ナセルの弟が『プロトコル』を出版している！

2001年
アメリカ サンディエゴ

すみませんが、このパンフレットはどこで手に入れたんですか？

どうして？

ああ！今週、ここの大学で少数民族の学生団体がデモしたときに配ってたんだ！

いや、ユダヤ人の真実を知るために『プロトコル』を読め、と勧めているね

2002年

あとがき

スティーブン・エリック・ブロナー

　ウィル・アイズナーは87歳で急逝するまで、長年にわたり目覚ましい仕事をしてきた。アメリカの漫画界における偉人の一人であったことは間違いない。その漫画は社会的目的を有しつつ、なおかつごく個人的な考えが表現されている。本書も例外ではない。アイズナーは20年以上、とぎれとぎれにこの企画に取り組んだ。そこに多大な困難があったことは確かだ。見えすいたようなユダヤの世界的陰謀説を声高に言う、悪名高い捏造書『シオン賢者のプロトコル』は、初めて出現して以来、学問的および政治的に激しい議論を呼んできた。いかにしてこの小冊子がつくられたのかという謎、なぜそれほど影響力を持ちつづけるのかというさらなる謎が、ウィル・アイズナーを引きつけたわけもよくわかる。

　この物語は、一般読者に向けて描かれている。そのため、この捏造が企まれた複雑ないきさつよりも、むしろかかわった個々人に焦点が当てられている。背景にあるのは、センセーショナルなドレフュス事件だ。一般幕僚のユダヤ人大尉が、軍事機密をドイツに売ったという濡れ衣を着せられた事件である。事件が起きた1894年から、ドレフュスの無罪が最終的に確定する1906年まで、フランスの論調は大きく分裂した。自由主義者と社会主義者は真相を暴き、この「ユダヤ人」を守ろうとして、軍部支持の貴族や反動主義者と戦った。軍部はドレフュスが不当な有罪判決を受け、事実隠蔽がなされたことを認めようとしなかった。

　フランスのユダヤ人にとって、状況はきわめて厳しいものになっていった。そのためウィーンの日刊紙にドレフュス裁判を報道すべく派遣されていたテオドール・ヘルツルは、ユダヤ人国家建設こそがヨーロッパの反ユダヤ主義を逃れる唯一の道だと結論するに至った。そして1897年、彼は第1回シオニスト会議を開催した。

　これが、『プロトコル』がでっち上げられた文化的背景である。ちょうどド

レフュス事件で、ユダヤ人と自由主義勢力および社会主義勢力が同一視されたように、シオニスト会議は、ユダヤ人排斥主義者にとって、対抗し破壊すべきユダヤ人の「陰謀」の新たな「証拠」となった。『プロトコル』はこの2点をはっきり示すものだった。

　ユダヤ人は社会改革派と政治革命派、報道機関と教育機関、銀行、労働運動を巧みに操ったとして、糾弾された。ユダヤ人はキリスト教文化を破壊し、「シオン賢者」に権力を与えようとしていると言われた。こうした乱暴な主張によって、『プロトコル』は反動主義者にとってきわめて好都合なものになった。こうして彼らは、1902年に始まり1905年に頂点に達した、第1次ロシア革命の責任を負わせるのに格好の集団を見つけたのである。

　この小冊子は、「黒百人組」として知られる、不安にかられた反動主義集団によって計画された、数えきれないほどのポグロム（ユダヤ人への迫害行為）を誘発し、何千人ものユダヤ人が死亡した。それでも、暴力が収まるにつれ、一般の生活から迫害はなくなった。しかし、1917年のボリシェビキ革命に続く流血の内戦のただ中で、再び『プロトコル』が評判を呼ぶようになった。

　反共産主義の「極右派」が、「共産主義者」に対するプロパガンダに利用したのだ。こうして「ユダヤ人ボリシェビキの陰謀」というアイデアが生まれたのだった。「極右派」が敗北すると、今度はのちのニュルンベルク裁判でナチズムの「哲学者」と呼ばれたアルフレート・ローゼンベルクが、ポケットに押しこんでいた一冊の『プロトコル』とともに、このアイデアをドイツに持ちこむことを考えた。人種と人種問題の「専門家」として世に出ようとした彼は、このつくり話でヒトラーとその同志の注意を引くことでその職歴をスタートさせた。そしてナチスが政権を取ると、このつくり話は歴史学者ノーマン・コーンが「ジェノサイドの令状」と呼ぶものになったのである。

　ヨーロッパでは、1920年代から30年代にかけて『プロトコル』は、聖書にわずかに及ばないほどの評判を呼んだ。およそ反ユダヤ運動でこの小冊子が影響を与えなかったものは一つもない。しかしながら、実のところこの小冊子はでっち上げだったため、信奉者たちは由来を謎に包まれたものにしようとした。今なおそれは続いている。文書の真偽は問題ではないらしい。

　しかしそれは、ジャン・ポール・サルトルが見事に表現したように、反ユダヤ主義者が「自分自身を石に変える」からである。その頑迷さゆえに、彼らは証拠や論理による説明を考慮することなく、世界を説明することになる。反ユ

ダヤ主義はあらゆる「敗者」に都合のいい世界観を与えてくれるのだ。つまり、現代のさまざまな力に脅かされている者、将来に不安を抱いている者、厳格な宗教的政体や反民主主義政体に居心地のよさを求める者に——。

　こうした旧来の権威のあり方がますます時代遅れになっていることを認めれば、頑固者は自尊心を打ち砕かれるのだろう。敗者にとっては、スケープゴートを見つけるほうがいい。そして、状況が違えば理由も違ってくるが、ユダヤ人はたいていこの目的にかなうのだ。それゆえ、『プロトコル』が消え去ることはないだろう。悪夢のように蘇るのだ。その悪夢から目を覚まさせねばという思いこそが、そう、ウィル・アイズナーをつき動かして本書を書かせたのだろう。

　これまで書かれたものの中でおそらく最も悪質で、間違いなく最も評判を呼んだ、反ユダヤ主義作品でありつづけるものの裏面史を、本書は創造的に再現している。この彼の最後の独創的な作品は、遺産として残すべきものである。

注釈

　グラフィック・ノベルのフォーマットの中に、従来の形で脚注を組みこむのは容易でないため、以下に補足的な解説を施して、本書に描かれた出来事の詳細を説明することにした。一貫した物語を提供するために、実際に起きた出来事の間がつながるよう推定を施したところもあるが、主要な部分は信頼できる出典に拠っている。調査の最中に矛盾が生じたときは、より頻繁に出てきた事実のほうを採用した。

12頁：『マキャベリとモンテスキューの地獄での対話』の英訳への序文で、ジョン・S・ワゴナーは、「ジョリーに関する伝記的な情報は概略にすぎない」と断っている。1968年版『対話』の序文は、アンリ・ロランの『現代の黙示録』（1939年）をもとにしているが、ジョリーの生涯に関する情報源としては、この本がもっとも多く用いられている。生年に関しては1821年、1831年、1829年などさまざまな説があるが、没年は1878年に自殺という説が広く取り入れられている。

27頁：ノーマン・コーンの『ユダヤ人世界征服プロトコル』の中で、ラチュコフスキーは「ロシア国外におけるオフラーナ（秘密警察）の、悪意に満ち、奸智（かんち）にたけた長官」として描かれている。下級官吏からキャリアを積んだ彼は、1879年にロシア内務省の秘密警察に逮捕された際、シベリアに行く代わりに、秘密警察で仕事をすることを選んだ。1881年までは、のちにロシア人民連合となった右翼の聖ドルージナで活動、2年後にサンクトペテルブルクの秘密情報機関の副官となる。1884年、ロシア帝国外での秘密警察の任務を命じられ、1903年まで国外に留まる。1905年、警察庁副長官に就任。巧妙な策士として名を馳せ、膨大な偽造文書を作成した。1911年に他界。1902年の宮廷陰謀、セルゲイ・ニルスとの関わり、戦闘的な反ユダヤ活動、セルゲイ・スワチコフやウラジミール・ブルツェフによる証言、1892年の反ユダヤ本『無政府主義とニヒリズム』への関与など、そのどれもが、彼が『シオン賢者のプロトコル』

の偽造に関わっていたことを裏づけている。

35頁：1899年日11月21日にパリから『ワシントン・タイムズ』紙に送られたパトリック・ビショップの報告によると、マシュー・ゴロヴィンスキーは1865年、ロシア・シンブリスク地方のイワチェフカで生まれている。エリック・コナンは、1999年11月24日号の『レクスプレス』誌の「シオン賢者のプロトコルの出処：反ユダヤのための工作の秘密」という記事の中で、19世紀末の広報活動家に関する権威であるロシアの歴史家ミハイル・レペハインが、『プロトコル』を書いた偽造者としてゴロヴィンスキーを挙げたと述べている。レペハインは、ロシア皇帝が残したフランス語のファイルからゴロヴィンスキーの役割を示す証拠を発見している。1998年の仏『フィガロ』紙の記事でも、ライターのヴィクトール・ルパンが、レペハインの発見について報告している。ゴロヴィンスキーは落ちぶれかけていた貴族階級の出身で、ロシア革命ののち、ボリシェビキ政権の役人となった。「ドクター」の称号を使用し、1920年に他界するまでソ連における重要な人物であり続けた。

66頁：1905年、セルゲイ・ニルス（1862―1929）は、モスクワ検閲委員会の許可のもと『プロトコル』を彼の著書『卑小なるものの中の偉大』第２版の一部として出版した。1911年には、『プロトコル』を別版として刊行。神秘思想家ニルスは、ロシア皇帝の宮廷にときおり招かれていた。ニルスを知るブターリン伯爵夫人が1934年６月のベルン裁判で、ニルスの印象を証言した記録が残っている。３人の妻および娘ひとりと同居していたニルスは、降霊術をおこなう神秘思想家の集団と関係し、降霊の際は娘を霊媒として使っていた、と述べている。ニルスの『プロトコル』は大成功をおさめたが、のちに彼はロシア中を放浪し、ボリシェビキが政権を握った後も放浪生活を続けた。1924年と1927年に短期間服役。1929年１月14日に心不全にて他界。66歳だった。

73頁：フィリップ・グレイブスは、ロンドンの『タイムズ』紙の有能な記者で、1920年にはコンスタンチノープルに駐在していた。1967年２月の『ヒストリー・トゥデイ』紙の記事で、クリストファー・サイクスは、グレイブスがモーリス・ジョリーの『地獄での対話』の仏オリジナル本を発見したことを認めている。グレイブスはロシアの亡命者からそれを買いとり、英国に持ち帰って

大英博物館で本物であることを確かめた。『タイムズ』紙の記事は、『プロトコル』を真実としていた『デイリー・メール』紙の記事を否定するものだった。

77頁：ここで使用した『地獄での対話』は、ヘルマン・バーンスタインが彼の著書『シオンのプロトコルの真実』（1935年）の中で仏語から英語に訳したもの。『プロトコル』の方は、ヴィクター・E・マーズデンが1922年にロシア語から英訳したものをもとにしている。どちらの訳も、クリストファー・コーチにより編集されて、比較のために提供された。

102頁：ヒトラーは、1923年にビアホール占拠のかどで投獄された。『わが闘争』の第1巻は最初、『嘘と愚かさ、臆病に対する4年半の闘い』というタイトルで1925年の7月18日に出版された。第2巻は、『国家社会主義運動』というサブタイトルがついて、1926年に出版された。

105頁：ベルン裁判とは、1934年にスイスのユダヤ人共同体連合が、ザンダー博士による編集で『プロトコル』を出版したスイスのナチ団体に対して起こした裁判のことをいう。ドレフュス・ブロツキー博士、マーカス・コーエン博士、マーカス・アーレンプレイス博士が原告を代表。ベルンのカントナル裁判所は原告を支持し、1935年5月19日、ザンダー博士に罰金を科した。1937年に上訴したが却下された。1934年の8月、南アフリカのグラハムズタウンの裁判所は、『プロトコル』を出版したかどで3人に罰金4500ドルを科した。J・H・ハンティングが、これらの出来事を『ヴィニヤード』誌1978年3月号の記事で報告している。

解説

内田 樹

『シオンのプロトコル』のことを知ったのはノーマン・コーンの『ジェノサイド許可証』（*Warrant for Genocide*）のレオン・ポリアコフによる仏語訳を読んだときだった。1970年代の終わり頃のことである。当時、私はフランスにおける反ユダヤ主義について研究していて、その過程でコーンの研究書に出会ったのである。このアイズナーのコミック（と言ってよいのだろうか）も、資料的には多くをコーンの研究に依拠している。ただ、コーンの研究書は1961年の刊行であり、それ以後も『プロトコル』の歴史学的研究は進められていた。だから、本書にはコーンの知らなかった99年のミハイル・レペハインの研究成果が採り入れられている（作者自身の「まえがき」にあるように、マシュー・ゴロヴィンスキーなる人物が偽書の実際の起草者であったことはソ連崩壊後の公文書公開ではじめて明らかになった）。それでも、80年時点において、コーンの研究書は『シオンのプロトコル』についてのはじめての学術的に厳密な研究だった。一読して、これはできるだけ多くの日本人に読んで欲しいものだと思い、仏語訳を参照しながら、英語の原著を訳し、それを知り合いの出版社に持ち込んだ。

その訳稿は『ユダヤ人世界征服陰謀の神話』といういかにも誤解されそうなタイトルと、いかにも誤解されそうな装幀で出版された。出版社サイドは「そういう本」だと勘違いして買ってくれる読者群を当てにしてこの本を出版したのである。訳稿にもずいぶん手を加えられた。史料に基づく実証的な箇所は「読者が読みたがらないから」という理由でカットされ、章立ても入れ替えられた。言われるままに改変に応じたのは、仮に抄訳ではあれノーマン・コーンの研究書が日本人読者の手元に届けられ、『プロトコル』のような毒性の強い偽書がどうして作成され流布されることになったのか、その実相を現代日本人も知っておくべきだと思ったからである。事実、戦前の日本軍部や特務機関は『プロトコル』の政治利用・軍事利用に手を染めていたし、今もその宣布者が

存在するからである。

　コーンの研究書一冊で『プロトコル』問題にはけりがつくだろうと私は思っていた。これ以後も新史料が発見され、歴史的事実の細部が明らかにされることはあっても、『プロトコル』が特定の政治的目的のために捏造された偽書であるという事実関係についてはさすがに二度と争われることはないと思っていた。だが、私は楽観的に過ぎた。思えば、『タイムズ』が『プロトコル』は偽書であると報道した段階でも、あるいはベルンの裁判所がこの「不道徳な文書」を印刷配布していた被告に罰金刑を言い渡した段階でも、この偽書の流布は止まってよかったはずだった。でも、止まらなかった。本書末尾に記されている通り、21世紀に入っても『プロトコル』のコピーは世界各国で増殖を続けている。それはこの文書の価値はその史料としての真正性にあるのではなく、それがもたらす政治的効果にあるということを意味している。

『プロトコル』の宣布者たちも、その信者たちも、実はこれが偽書であることを知っている。偽書と知っていて、それを活用しているのである。だから、彼らに向けて「これは捏造されたものだ」といくら繰り返し言い聞かせても、証拠を突きつけても、意味はないのである。

　では、『プロトコル』の宣布者たちは、このような嘘を信じるふりをすることによってどのような利益を得ているのか？

　最大の利益は、ユダヤ人陰謀説が彼らの知的負荷を劇的に軽減してくれることである。

　ユダヤ人陰謀説が賑わうのは、私たちの住む世界が複雑過ぎるからである。わずかな入力の変化によって劇的な出力変化が生じるシステムのことを「複雑系」と呼ぶ。私たちが生きている世界の仕組みは「ブラジルで蝶が羽ばたくと、テキサスで竜巻が起きる」ような複雑系である。だから、一月後の気象も三ヶ月後の国際関係も半年後の株式市況も私たちは予測することができない。

　だが、目の前で想定外の事態が出来したとき、私たちはそれを「自分が見逃したごく微細な入力変化がもたらした破局的な出力」として受け容れることができない。「どうして『こんなこと』が起きたのだ？」という問いかけに「『どうでもいいようなこと』のせいで」と答えることに私たちはつよい心理的抵抗を感じるのである。大きな出力があった場合には、それにふさわしい大きな入力が対応すべきだ。原因と結果のあいだには一対一的なクリアーカットな相関

があるべきだ。私たちはそういうふうに思考したがる。それはある意味では私たちの知性の自然な働きである。

　私たちは、一見するとランダムに生起しているように見える事象の背後に整然とした数理的秩序があることを直感することがある。「ユリイカ！」とはそのような直感がもたらす知的高揚の叫びである。確かに、そのような高揚感が科学の進歩を駆動してきたのである。

　陰謀論もその意味ではある種の疑似科学なのである。複雑怪奇に見える国際関係や戦争や革命闘争や市場の混乱や文化の頽廃のすべてがただひとりの「張本人（author）」によって操作されているということがもしほんとうだとしたら、これは科学的知性の決定的勝利以外のなにものでもないからである。「オーサー」を指名し、それを摘抉しさえすれば、私たちの世界はそれから後永遠の静謐と繁栄のうちに安らぐことができる。

　実際には「ユダヤ人」を「オーサー」に指名してみても、世界は少しも理解し易くはならないのだが、陰謀論者は動揺しない。「ユダヤ人」の定義をそのつど書き換えてゆけば済むからである。

　「反ユダヤ主義の父」エドゥアール・ドリュモンは近代化・産業化・都市化趨勢に加担するフランス人をまとめて「ユダヤ人」と呼んだ。ユダヤ人の絶滅によってドイツは救われると信じていたナチス指導部はユダヤ人600万人を殺しても戦況が悪化するばかりであることに苛立ち、チャーチルもスターリンもルーズヴェルトも「ユダヤ人の傀儡」とみなし、最後にはヒトラーその人までをも「ユダヤ人」とみなす者まで出現するに至ったのである。単一の「オーサー」に世界の穢れのすべてを押しつけることでおのれの知的負荷を軽減しようとする人々は、最終的にはどんなありえないことでも信じるふりをするようになる。

　陰謀論は信ずる者たちの現実理解を深く損なう。にもかかわらず陰謀論者が絶えないのは、これが信仰の陰画だからである。「ユダヤ人」が世界を支配していて、あらゆる事象を細部に至るまでコントロールしているというのは、神が世界をあまねく統御しており、すべての出来事は神の書いたシナリオ通りに進んでいるという考え方と同型的である。

　つまり、残念ながら、陰謀論がいくぶんかは科学と信仰に似たものであることを私たちは認めなければならない。ただし、「あまり知的でない科学」と

「あまり霊的に成熟していない信仰」に。弱すぎる知性と未熟な霊性がたどりつく先が陰謀論なのである。ならば、それはある意味ごく平凡な人間的資質に過ぎない。それは処罰よりはむしろ教化の対象である。だから、人々の知性的・霊性的な成熟を支援する以外に『プロトコル』を根絶する手立てはないのである。気の遠くなるような仕事だが、それ以外にない。

著者●ウィル・アイズナー
1917年、ニューヨーク市ブルックリン生まれ。米国コミック界の大御所ともいうべき人物。1930年代から漫画の投稿を始め、1940年に当時珍しかった16頁の日曜版で『ザ・スピリット』の連載を開始、最終的に毎週500万部に及ぶ20紙で12年間つづき、後に映画化もされた。1978年に刊行した『神との契約』で「グラフィック・ノベル」という用語を初めて使い、新しいジャンルを開拓する功績者となった。20年の歳月をかけて取り組んだ本書は、彼の死の直前に完成した遺作である。2005年、87歳で死亡。1988年に創設された「アイズナー賞」は、アメリカで最も権威ある漫画賞といわれる。

序文●ウンベルト・エーコ
1932年、イタリアのアレッサンドリア生まれ。ボローニャ大学の記号論教授であり、哲学者、歴史家、文芸評論家でもある。世界的なベストセラー小説となった『薔薇の名前』で知られ、他に『フーコーの振り子』『前日島』などの小説や『記号論』などの学術書も。

あとがき●スティーブン・エリック・ブロナー
米国ラトガース大学の政治学教授。異分野提携のインターネット・ジャーナル『ロゴス』の編集主任も務め、『ユダヤ人に関する噂――反ユダヤ主義、陰謀、シオンのプロトコル』(オックスフォード大学出版局) などの著書がある。

訳者●門田美鈴
翻訳家、フリーライター。主な訳書に、ベストセラーになったスペンサー・ジョンソン『チーズはどこへ消えた?』(扶桑社)、ブライアン・トレーシー『カエルを食べてしまえ!』K. ブランチャード／S. ボウルズ『1分間顧客サービス』(ともにダイヤモンド社) など。

解説●内田樹
1950年東京生まれ。東京大学文学部仏文科卒業。東京都立大学大学院博士課程中退。現在、神戸女学院大学名誉教授。著書に、『街場の戦争論』(ミシマ社)、『私家版・ユダヤ文化論』(文春新書・第六回小林秀雄賞受賞)、『日本辺境論』(新潮新書) など。本書のテーマである『プロトコル』については、訳書としてノーマン・コーン『ユダヤ人世界征服プロトコル』(ダイナミックセラーズ出版) がある。

陰謀――史上最悪の偽書『シオンのプロトコル』の謎

2015年3月20日　第1刷発行

著　者	ウィル・アイズナー	発行者	首藤知哉
序　文	ウンベルト・エーコ	発行所	株式会社 いそっぷ社
訳　者	門田美鈴		〒146-0085
解　説	内田樹		東京都大田区久が原5―5―9
			電話03(3754)8119
装　幀	岩瀬聡	印刷・製本	シナノ印刷株式会社

落丁・乱丁本はおとりかえいたします。本書の無断複写・複製・転載を禁じます。
ISBN978-4-900963-65-8　C0095　　定価はカバーに表示してあります。